PANÉGYRIQUE

DE

JEANNE D'ARC

PRONONCÉ

DANS LA CATHÉDRALE D'ORLÉANS

A LA FÊTE DU 8 MAI 1867

PAR M. L'ABBÉ FREPPEL

CHANOINE HONORAIRE DE PARIS, DE STRASBOURG, DE TROYES
PROFESSEUR D'ÉLOQUENCE SACRÉE A LA SORBONNE.

DEUXIÈME ÉDITION.

PARIS

AMBROISE BRAY, LIBRAIRE-ÉDITEUR

RUE CASSETTE, 20.

1867

LIBRAIRIE A. BRAY, RUE CASSETTE, 20, A PARIS.

VOLTAIRE, SA VIE ET SES ŒUVRES, par M. l'abbé MAYNARD, chanoine honoraire de Poitiers. 2 forts vol. in-8°. . . . . 15 fr.

Ce livre n'est ni une apologie, ni une satire : c'est une histoire. Voltaire se raconte, se peint lui-même dans ses œuvres et surtout dans sa correspondance et dans les écrits de ses amis C'est donc un rapport complet, fidèle, accompagné de toutes les pièces, afin que le lecteur puisse en parfaite connaissance de cause, porter un jugement définitif sur un homme dont on parle beaucoup, mais que l'on connait peu.

Il est difficile de se faire une idée de ce qu'un pareil travail a coûté à l'auteur de temps et de recherches. Quant à son talent d'historien, de critique et d'écrivain, il suffit de rappeler ses autres ouvrages sur Pascal, son histoire de saint Vincent de Paul, ses études sur l'Académie française. Son livre est à la fois l'histoire complète de Voltaire et le tableau du XVIIIe siècle. A l'intérêt historique se joint l'attrait des récits, des bons mots d'un écrivain dont la finesse, la malice et la séduction exercèrent une grande influence sur ses contemporains.

L'ART DE CROIRE ou *Préparation philosophique à la foi chrétienne*, par M. Aug. NICOLAS, magistrat. 2e édit., revue et corrigée. 2 vol. in-18 anglais. . . 7 fr.
— *Le même ouvrage*. 3e édition. 2 vol. in-8. . . . . 12 fr.

Plan de l'ouvrage : LIVRE Ier : *Besoin de croire*. LIVRE II : *Raison de croire*. LIVRE III : *Moyen de croire*. LIVRE IV : *Bonheur de croire*.

VIE DE MAXIMILIEN D'ESTE, Archiduc d'Autriche, Grand-Maître de l'Ordre teutonique, mort le 1er juin 1863, d'après le R. P. Stœger, S. J., par J. M. S. DAURIGNAC. 1 vol. in-8 orné d'un portrait. . . . . 6 »
— *Le même ouvrage*, orné de huit belles gravures. . . . . 7 fr. 50

« L'Archiduc Maximilien, a dit le prince Augustin Galitzin, fut grand même dans les petites choses, pauvre au sein des richesses, humble dans les grandeurs. Il y avait en lui, tout à la fois, du Vincent de Paul pour son inépuisable charité, et du Vauban pour son génie dans l'art des fortifications. Il était neveu de Marie-Antoinette et oncle de Mme la comtesse de Chambord, qu'il institua son héritière ou plutôt l'exécutrice de ses intentions charitables.

HISTOIRE DE L'ABBÉ DE RANCÉ ET DE SA RÉFORME, composée avec ses lettres, ses écrits, ses réglements et beaucoup de documents contemporains inédits ou peu connus, par M. l'abbé DUBOIS. 2 forts vol. in-8 avec portr. 14 »

Il n'existe pas de Vie authentique et complète de l'abbé de Rancé : les histoires publiées par Maupeou, Marsollier et le Nain de Tillemont sont inexactes; on ne peut même donner ce nom aux récits romanesques de Chateaubriand. M. l'abbé Dubois, écrivain sérieux, instruit, a refait, à l'aide de nombreux documents puisés aux véritables sources, cette grande figure, l'une des plus pures illustrations du grand siècle.

L'ÉGLISE, œuvre de *l'Homme-Dieu*. Conférences prononcées à la métropole de Besançon, par M. l'abbé BESSON, supérieur du collège Saint-François-Xavier. 1 beau vol. in 8. . . . . 5 »
— *Le même ouvrage*. 3e édition. 1 vol. in-12. . . . . 3 »

L'HOMME-DIEU. Conférences, par le même. 4e édition. 1 vol. in-8. . . 5 »
— *Le même ouvrage*. 5e édition. 1 vol. in-12. . . . . 3 »

Le plan, le fond et la forme de ces deux ouvrages, qui se complètent l'un par l'autre, ont mérité les plus grands éloges de tous les critiques.

Sous presse, pour paraître en juillet 1867. Le DÉCALOGUE, ou *Lois de l'Homme-Dieu*

PANÉGYRIQUE

DE

JEANNE D'ARC

PRONONCÉ

DANS LA CATHÉDRALE D'ORLÉANS

A LA FÊTE DU 8 MAI 1867

PAR M. L'ABBÉ FREPPEL

CHANOINE HONORAIRE DE PARIS, DE STRASBOURG, DE TROYES
PROFESSEUR D'ÉLOQUENCE SACRÉE A LA SORBONNE.

DEUXIÈME ÉDITION.

PARIS

AMBROISE BRAY, LIBRAIRE-ÉDITEUR

RUE CASSETTE, 20.

1867

> *Dicebant : moriamur omnes in simplicitate nostra; et testes erunt super nos cœlum et terra quod injuste perditis nos.*
>
> Ils disaient : mourons tous dans la simplicité de notre cœur, et le ciel et la terre nous seront témoins que vous nous faites mourir injustement.
>
> (1er livre des *Machabées*, II, 37.)

Messieurs,

Tel fut le cri suprême de cette poignée d'hommes dont la fin tragique ouvre l'histoire des Machabées. Livrés sans défense à l'ennemi qui campait sur leur sol natal, ils ne firent aucune réponse à ses provocations, dit la sainte Écriture; ils ne lui jetèrent pas une seule pierre, ils ne songèrent point à lui fermer l'accès de leurs retraites; mais, se retranchant dans l'affirmation calme et persévérante de leur foi, ils en appelèrent d'une sentence inique au jugement de Dieu et de l'histoire : *Testes erunt super nos cœlum et terra quod injuste perditis nos.* Ni Dieu ni l'histoire n'ont rejeté leur appel. Par un juste décret de la Providence, leur sacrifice porta un coup mortel à la domination étrangère, en réveillant l'énergie de la nationalité juive; et la postérité, ajoutant son témoignage aux arrêts du ciel, n'a plus trouvé depuis lors que des louanges pour les victimes d'Antiochus et des anathèmes pour leurs persécuteurs.

En relisant cette page de nos livres saints, je n'ai pu m'empêcher d'en faire l'application à l'illustre Vierge dont les souvenirs nous rassemblent aujourd'hui. Dans l'isolement de sa faiblesse, et en face du supplice qui l'attendait, elle aussi jeta vers Dieu et à travers l'histoire ce cri douloureux de l'innocence opprimée; à son tour elle prit le ciel et la terre à témoin de l'injustice de sa condamnation : *Testes erunt super nos cœlum et terra quod injuste perditis nos.* Et, comme au temps des Machabées, Dieu et les hommes ont accueilli ce recours de la victime contre ses persécuteurs. En assurant le triomphe de la cause pour laquelle Jeanne d'Arc avait combattu et souffert, la Providence s'est chargée elle-même de trancher la question par un arrêt souverain. Plus encore que ses victoires, le supplice de l'héroïne a marqué la fin du débat séculaire qui divisait deux grands peuples. A partir de ce moment, la nationalité française, jusqu'alors si chancelante, s'est affermie sans retour; et c'est aux lueurs du bûcher de Rouen, terme définitif de ce duel à mort, que la France et l'Angleterre ont pu lire le jugement de Dieu sur leurs destinées réciproques.

Aussi la voix de l'histoire a-t-elle répondu à la voix de Dieu, arbitre et juge suprême de la vie des nations. Un instant méconnue par l'esprit de parti, au milieu du trouble des passions politiques, cette grande figure ne tarda pas à resplendir aux yeux de tous dans l'éclat de sa pureté. Pour faire oublier une indifférence coupable, la royauté s'efforça de racheter ses torts en multipliant ses hommages. Instrument trop docile d'une haine qu'elle n'aurait jamais dû servir, l'Université de Paris comprit la faute qu'elle avait commise en rejetant l'avis du premier de ses théologiens, l'immortel Gerson. Cette sentence, que la peur avait arrachée à quelques-uns de ses membres, le clergé de France s'empressa de la désavouer, aussitôt que des temps meilleurs eurent rendu à ce grand corps sa pleine liberté d'action; et sur l'ordre du souverain Pontife, un nouveau tribunal, chargé de reviser l'œuvre du premier, annula un jugement qui n'avait été rendu que sous la pression de la force. Quatre siècles se sont écoulés depuis cette réhabilitation mémorable; et, durant cet intervalle, l'éloquence et la poésie, l'érudition et l'art, ont élevé à Jeanne d'Arc un monument qui va grandissant chaque jour. A l'exception d'un écrivain, dont les outrages sont une gloire pour la Pucelle d'Orléans, tout Français qui a le souci de l'honneur national, associe Jeanne d'Arc au culte d'affection qu'il voue à son pays; et à l'heure où je parle, ce sentiment éclate de toutes parts avec une nouvelle force, des provinces à la capitale, où il va recevoir une expression durable, sur l'initiative de l'auguste souverain qui se montre aussi jaloux d'honorer les gloires de l'ancienne France que d'ajouter à celles de la France moderne. Enfin, jusqu'au sein des nations étrangères, sans exclure l'Angleterre elle-même, il s'est trouvé des voix éloquentes pour célébrer avec nous le plus merveilleux épisode que l'on puisse rencontrer dans l'histoire d'aucun peuple.

Parmi ces témoignages rendus à la Libératrice de la France, il en est un qui ne lui a jamais fait défaut : c'est le vôtre, Messieurs, celui de la ville d'Orléans. Vos ancêtres ont compris de bonne heure que le premier théâtre de sa mission devait rester pour toujours le témoin principal de sa gloire; et chaque année vous retrouve fidèles à ces nobles traditions. Rien n'a pu affaiblir l'expression de votre reconnaissance; et hier encore, quand j'assistais le cœur ému à cette belle fête du soir, votre élan religieux et patriotique me reportait vers la nuit mémorable où la Vierge de Domremy fit pour la première fois son entrée dans vos murs, au milieu des acclamations d'un peuple accouru sur ses pas et l'escortant à la clarté des flambeaux jusqu'au seuil de cette église, pour saluer par des cris de joie celle qui lui apparaissait comme l'envoyée du ciel et l'ange du Dieu des armées.

Et cependant, Messieurs, malgré tant d'hommages décernés à la mémoire de Jeanne d'Arc, je me demande en ce moment si les hommes ont épuisé pour elle jusqu'ici toutes les ressources de l'admiration et de la reconnaissance. Ne serait-il pas possible d'ajouter à ces récompenses terrestres la plus haute de toutes, celle que l'Église réserve à l'élite de ses enfants? L'Église, cette grande dispensatrice de la vraie gloire, ne donnera-t-elle jamais à des mérites si insignes une consécration solennelle? Est-il permis à notre patriotisme d'espérer que l'héroïne du xv° siècle prendra place dans l'avenir à côté des Geneviève, des Clotilde, des Radegonde, des Bathilde, des Jeanne de Valois, dans ce cortége de saintes femmes, qui, après avoir été l'ornement de la France, en sont devenues les patronnes et les anges tutélaires? C'est le vœu que j'émettais en terminant, quand j'eus l'honneur, il y a sept ans, de porter la parole devant vous à pareil jour; et vous me permettrez de reprendre mon discours là où je l'avais laissé. Je le sais, je vais aborder une question délicate; mais s'il n'appartient qu'à l'Église de la décider, chacun a le droit de la poser et de chercher à l'éclaircir. D'ailleurs, en la traitant sous une forme purement hypothétique et conditionnelle, je ne ferai que marcher à la lumière des principes établis par Benoît XIV dans son immortel ouvrage sur la canonisation des saints. Peut-on soutenir que Jeanne d'Arc a pratiqué les vertus chrétiennes à un degré héroïque, et que Dieu a confirmé la sainteté de sa servante par des miracles authentiques et incontestables? Tels sont les deux points sur lesquels je viens appeler votre bienveillante attention, et qui formeront la matière de cet éloge.

I

Que la vie de Jeanne d'Arc s'élève au-dessus des conditions communes et ordinaires de la vie humaine, c'est ce que personne n'a jamais songé à contester. Ou l'héroïsme n'a pas de sens, ou il faut appliquer ce mot à la jeune fille qui sort de son hameau natal, à l'âge de dix-sept ans, pour aller délivrer sa patrie; qui, dans l'accomplissement de son dessein, ne se laisse rebuter par aucun obstacle, ni effrayer par aucun péril; qui, à travers mille résistances, poursuit son œuvre sans lassitude ni faiblesse, affrontant les hasards de la guerre, volant de combat en combat jusqu'à ce qu'elle ait ramené la victoire sous les étendards de la France; qui, par son énergique initiative, fait lever en une semaine un siége de sept mois, traîne à sa suite, plutôt qu'elle ne marche avec eux, des chefs hésitants et une armée abattue, dont elle relève le courage et ranime la confiance ; qui replace la couronne sur la tête d'un prince devenu incapable de la ressaisir par lui-même; et qui enfin, après avoir accompli cette mission sans pareille dans l'histoire, tombe sous les coups de l'ennemi, et meurt sur un bûcher, victime de son dévouement pour son roi et pour son pays.

Ah ! sans doute, l'on m'accordera qu'une telle vie est héroïque. Mais qu'est-ce que cet héroïsme a de commun avec la sainteté? L'antiquité païenne elle-même n'a-t-elle pas sa lignée d'hommes qui ont poussé le sentiment patriotique au-delà des limites ordinaires? Ne peut-elle pas offrir à notre admiration ses Codrus, ses Régulus, ses Clélie, ses Mucius Scévola, ses Horatius Coclès? Le sacrifice de l'homme à son pays n'est-il pas dicté par la raison naturelle? Et n'est-ce pas dès lors confondre l'ordre de la nature avec celui de la grâce que de vouloir établir la sainteté de Jeanne d'Arc sur un dévouement dont l'âme humaine possède en soi le principe et la force ?

Nous touchons ici au vif de la question. Dieu me garde de vouloir rabaisser ce qu'il y a eu de noble et d'élevé dans les dévouements que je viens de rappeler. J'avoue que, pour moi, c'est là un des beaux côtés de l'antiquité païenne. Ce qui mêle de la grandeur aux bassesses de son histoire, ce qui prête à son activité une vraie couleur morale, c'est que l'amour de la patrie faisait le fond du Grec et du Romain, comme disait Bossuet. Marathon et Salamine parlent à mon cœur; et ce n'est jamais sans une vive admiration que je contemple dans le passé cette poignée de Grecs s'attachant avec passion au rocher stérile de l'Attique, et repoussant avec une indomptable énergie le flot sauvage qui leur apportait du fond de l'Orient le despotisme et la barbarie.

Le dévouement de l'homme à son pays est donc une vertu morale; et il n'est peut-être pas inutile de le proclamer plus haut que jamais, à une époque où ce sentiment court risque de s'affaiblir avec tant d'autres instincts légitimes du cœur humain; où il se trouve des écrivains qui sont de tous les pays, excepté du leur; où, à force de s'étendre, le lien social finit par se relâcher; et où le culte exagéré des intérêts matériels menace directement l'esprit de sacrifice. Il n'est, dis-je, pas inutile de rappeler à quelle profondeur l'amour de la patrie avait jeté ses racines dans le cœur du monde païen.

Mais il en a été de cette vertu morale comme de toutes les autres. Le christianisme les a purifiées, ennoblies, transfigurées. Sans méconnaître ce que la nature humaine a de vrai et de bon, il l'a élevée au-dessus de la terre, pour chercher en Dieu lui-même le principe et la fin de notre activité morale. Sur l'ordre purement humain, il est venu greffer un autre ordre d'idées et de sentiments, l'ordre surnaturel. Il a tourné l'homme vers Dieu, pour que l'homme reçût de ce foyer immortel le rayon de la grâce qui illumine sa vie, la pénètre et la transforme. Par là, nos actes et nos facultés ont pris une direction plus haute; et il s'est opéré une ascension de tout notre être vers l'infini. Sous cette influence souveraine, la raison, touchée de la grâce et initiée par elle à la révélation, est devenue la foi; le désir du bonheur, qui nous est inné, s'est changé en vertu sous le nom d'espérance; la sympathie naturelle pour nos semblables a revêtu les formes célestes de la charité; le sentiment de notre dépendance vis à vis de l'Être suprême a fait place à cet admirable mélange de défiance de nous-mêmes et de confiance en Dieu qu'on nomme l'humilité. Bref, l'homme moral est sorti des mains du Christ, agrandi et perfectionné, présentant sa face au ciel, d'où lui arrivent une lumière et une force supérieures pour son activité terrestre; et c'est dans cette transfiguration complète des vertus naturelles par la grâce que consiste la sainteté.

Or, Messieurs, la vertu de dévouement s'est élevée dans Jeanne d'Arc à cette hauteur surnaturelle. Non, n'espérez pas comprendre l'héroïne, si vous n'étudiez la sainte. C'est au-dessus de la terre, par-delà les mobiles d'une activité purement humaine, que la sublime enfant a puisé son héroïsme; et quand je cherche à travers sa prodigieuse carrière ce qui la remplit et l'explique, je trouve que la foi a été le principe et l'âme de toute sa vie.

Oui, la foi, la soumission à la volonté de Dieu, le désir de l'accomplir en toutes choses, au péril de la vie, et sans autre crainte que celle de ne pas la remplir jusqu'au bout et avec une entière fidélité, voilà le mobile des actions de Jeanne d'Arc. Par là son héroïsme dépasse la sphère de la vie civile, pour entrer dans l'ordre de la sainteté. Je le sais, telle n'est pas l'idée que plusieurs se sont faite de la pieuse jeune fille. On s'est plu quelquefois à nous la représenter comme une sorte d'amazone entraînée sur les champs de bataille par son humeur guerrière, et s'échauffant au bruit des combats dont elle aurait entrevu la lointaine image dans les rêves d'un esprit exalté. Ce sont là des tableaux de fantaisie qui s'évanouissent devant la réalité des faits. Ni les goûts personnels de Jeanne, ni ses aspirations ne répondaient au rôle que la Providence l'avait appelée à jouer : « Et certes, disait-elle, j'aimerais bien mieux filer auprès de ma pauvre mère; car ce n'est pas mon état; mais il faut que j'aille et que je le fasse, parce que Messire veut que je fasse ainsi... Et plût à Dieu, mon Créateur, que je m'en retournasse, quittant les armes, et que je revinsse servir mon père et ma mère, gardant leurs troupeaux avec ma sœur et mes frères, qui seraient bien aises de me voir! » Ce n'est pas même au sentiment patriotique, pourtant si vif dans cette belle âme, qu'il faut demander la raison suprême de sa conduite. Ses répugnances devant la simple perspective de sa mission montrent assez qu'elle se déterminait par des motifs encore plus élevés. « Non, ajoutait-elle, avec cet accent de sincérité qui éclate dans toutes ses paroles, j'eusse mieux aimé être tirée à quatre chevaux que de venir en France sans la volonté de Dieu. » Tant il est vrai que, pour trouver la clef de cette vie extraordinaire, on a besoin de la chercher dans un principe supérieur aux affections et aux intérêts terrestres.

Ce principe suprême et régulateur, nous l'avons dit, est celui-là même qui anime et dirige la vie des saints : le désir de répondre à la grâce divine, quoi qu'il en coûte, dût-il en résulter le sacrifice de la vie. Si Jeanne quitte son village, ses parents, ses jeunes amies; si elle échange une vie douce et paisible contre une existence tourmentée, c'est pour obéir à la voix de Dieu qui lui a dit comme jadis au patriarche : *Egredere de domo patris tui et de cognatione tua :* « Sors de la maison de ton père, quitte ta parenté, pour aller dans la terre que je te montrerai. » Voilà le vrai motif de son dévouement. Oh! à partir de ce moment-là, rien ne l'arrête. Dès qu'elle a acquis, par une expérience de trois ans, la conviction ferme et raisonnée que Dieu l'appelle à une vie de sacrifice, elle se lève à l'instant même pour se jeter tête baissée dans la voie qu'un ordre supérieur lui a tracée. Amour du repos, joies du foyer domestique, calculs de la prudence humaine, tout disparaît dans cette immolation de soi-même qui ne connaît plus d'autre règle ni d'autre fin que l'accomplissement de la volonté divine. Devant la manifestation de cette volonté, Jeanne « ne peut plus durer où elle est, » tant est vif son désir de répondre à l'appel d'en haut. Elle ira où son Seigneur lui commande de se rendre, « dût-elle s'y traîner sur ses genoux, » pour me servir de son expression. « Et quand j'aurais eu, disait-elle plus tard, cent pères et cent mères, et que j'eusse été fille de roi, je serais partie. » Oui, voilà bien cette promptitude, cette délectation vraiment céleste, ce dépouillement complet de la volonté propre, et ce sacrifice des affections naturelles à la grâce, qui caractérisent la fidélité avec laquelle les saints ont coutume de suivre leur vocation divine (1).

Aussi, Messieurs, ne vous étonnez pas que l'héroïsme de Jeanne d'Arc, surnaturel dans son principe, conserve le même caractère dans la fin qu'elle se propose et dans les moyens qu'elle emploie. Oui, sans doute, elle veut affranchir son pays de la domination étrangère; mais avec la haute intuition que, seule, la grâce de Dieu pouvait donner à cette petite fille des champs, elle aperçoit par-dessus les intérêts de la patrie terrestre un but encore plus élevé. C'est à la gloire de Dieu et au salut des âmes qu'elle rapporte tout ce que les hommes peuvent et doivent accomplir par son entremise. Dans son sublime langage, « le royaume de France appartient à Dieu; le dauphin ne l'a qu'en commende. » Voilà pourquoi l'une des premières choses qu'elle demande au roi, c'est « de donner son royaume au Roi des cieux, » vou-

---

(1) « Virtus christiana, ut sit heroica, efficere debet ut eam habens operetur expedite, prompte et delectabiliter supra communem modum ex fine supernaturali, et sic sine humano ratiocinio, cum abnegatione operantis et affectuum subjectione. » (Benoît XIV, « de serv. Dei beatif. » L. III, c. XXII, n° 1.)

lant marquer par là que l'extension du règne de Dieu sur la terre est le but principal de la vie des nations. Ce que la politique humaine oublie ou néglige trop souvent, l'humble villageoise le comprend et le saisit aux lumières de la foi. En fortifiant les ressorts de sa volonté, la grâce divine a élargi l'horizon de son intelligence. Non, ne cherchez pas de vues terrestres dans cette vie qui touche au ciel par tous les côtés. C'est avec Dieu, en Dieu et pour Dieu que l'héroïne chrétienne commence et poursuit sa mission. Assurément, elle ne dédaigne pas les moyens que dicte la sagesse humaine; à ceux qui lui opposent que le seul plaisir de Dieu peut suffire pour délivrer le pays, elle répond avec son rare bon sens : « En nom Dieu, les gens d'armes batailleront, et Dieu donnera victoire. » Aussi ne cesse-t-elle d'exciter l'ardeur de l'armée et de ses chefs ; elle les exhorte constamment à redoubler d'activité et de persévérance ; mais ce qu'elle leur recommande avant tout, c'est la prière, la confiance dans le secours du Ciel, le respect du saint nom de Dieu, l'éloignement du scandale, la pureté des mœurs. C'est avec des hommes « bien confessés, pénitents et de bonne volonté » qu'elle entend marcher à l'ennemi ; car « en leur compagnie, elle ne craindrait pas toute la puissance des Anglais. » Voilà les éléments de succès qu'elle fait entrer dans son plan de conduite, et à l'aide desquels elle espère accomplir son œuvre.

Eh bien, je le demande à tous ceux qui sont familiers avec le langage et les actes des saints, n'est-ce pas ainsi que parlent et agissent les serviteurs de Dieu? N'est-ce pas à cette hauteur qu'ils se placent pour envisager les événements de ce monde? N'est-ce pas à de tels moyens qu'ils ont recours pour arriver à leurs fins? Et voyez, Messieurs, comme tout s'élève et s'épure dans ces âmes d'élite. Le patriotisme est certes un sentiment bien légitime ; mais que de fois n'est-il pas uni à la haine de l'étranger? Rien de pareil dans le cœur de Jeanne d'Arc. Sa mission est de « bouter les Anglais hors de toute France » parce qu'ils n'ont aucun droit d'y être; mais quelle expression touchante de charité chrétienne dans les efforts qu'elle fait pour marquer cette mission du signe de la paix! On trouvera peut-être quelque chose de naïf dans les sommations répétées qu'elle leur adresse avant de rien entreprendre contre eux. Non, ces lettres, que nous possédons, sont tout simplement sublimes; car c'est la marque d'une vertu que la grâce divine a dégagée de tout mélange d'imperfection. Hors des tristes nécessités de la guerre, le cœur de Jeanne dilaté par la charité ne voit que des frères à secourir et des âmes à sauver. Après avoir mené les Français à la victoire, « elle pleure sur le sort de ses ennemis, en pensant qu'ils étaient morts sans confession : » c'est le cri de la sainte dans l'héroïne! Soldat pendant la lutte, elle se fait sœur de charité après le combat, prodigue ses soins aux ennemis blessés, protége les prisonniers contre une vengeance aveugle, réprime les habitudes de violence si enracinées dans ce siècle de fer, s'élevant ainsi au-dessus de l'esprit et des mœurs de son temps, et poussant la délicatesse de conscience jusqu'à se priver de nourriture plutôt que de toucher à des approvisionnements dont l'origine lui paraissait suspecte. Ah! dites-moi, ne voyez-vous pas là une apparition de la sainteté au milieu des camps?

Et si j'aime à envisager mon sujet par son côté moral, si j'omets de décrire cette Iliade du XV° siècle, qui paraît légendaire au premier aspect, et dont le caractère est pourtant si sévèrement historique, c'est qu'à mes yeux il y a quelque chose de plus merveilleux que cette succession de siéges et de batailles, l'âme de Jeanne d'Arc, admirable mélange de grâce et d'énergie, de dévouement et de pureté. C'est cette âme que je voudrais étaler devant vous, dans toute sa beauté, avec les trésors de sainteté qu'elle renferme. Car la vie publique n'est que le rayonnement de la vie intime; et quand on veut posséder le secret d'une existence, il faut laisser de côté l'éclat et le bruit extérieur, pour descendre à ces profondeurs de l'âme où germent les grandes pensées et où se préparent les grandes vertus.

L'âme de Jeanne d'Arc, sa vie intime, voilà l'explication d'une carrière qui a fait l'étonnement des siècles. Or, quel a été le principe de cette vie intime ? La piété, c'est-à-dire la foi active et pratique. Je risque peut-être de faire sourire quelque esprit fort en disant que la piété, ou le commerce surnaturel de l'âme avec Dieu, a été le ressort principal et le soutien de l'héroïsme de Jeanne d'Arc. Et cependant les documents les plus avérés de l'histoire ne me permettent pas de m'exprimer autrement. A ceux qui en seraient surpris, je répondrais : vous n'avez qu'à ouvrir les yeux ; cette cause du dévouement est encore là devant vous ; il vous sera facile de la saisir à toute heure et en tout lieu. Vous admirez ces légions d'héroïnes de la charité, devant lesquelles le monde moderne s'incline avec respect ; vous célébrez leur sacrifice de vive voix et dans vos écrits ; et nous vous en remercions, car l'homme s'honore toujours en rendant hommage à la vertu. Mais faites un pas de plus, et pour vous rendre compte d'un phénomène dont la cause vous échappe, allez le matin dans l'une de ces communautés religieuses d'où le dévouement se répand sur le monde. Vous y trouverez l'humble fille de Saint Vincent de Paul agenouillée au pied des autels, retrempant son âme dans l'oraison, se nourrissant du pain des forts, et puisant à ces sources de la foi le courage du sacrifice. C'est là qu'il faut la suivre, pour comprendre cette lente et obscure immolation de l'homme à Dieu et à l'humanité. Seule, la piété alimente cette flamme du sacrifice que la foi fait jaillir du contact de l'âme humaine avec Dieu.

Ainsi en a-t-il été de Jeanne d'Arc. Non, n'attribuez pas à une force de caractère toute naturelle la constance dont elle a fait preuve dans le cours de sa vie. Dès la première blessure qu'elle reçoit, la pauvre enfant a peur et fond en larmes. Elle cherche sa force là même d'où elle tient sa mission ; et, depuis Orléans jusqu'à Rouen, dans l'éclat du succès comme aux jours de l'épreuve, c'est la sainte qui triomphe de la femme et qui soutient l'héroïne. Aux répugnances de la nature, à l'injustice et aux calomnies des hommes, Jeanne oppose constamment l'arme des saints, la prière. Répandre ses larmes devant le Seigneur, converser avec lui dans le silence du recueillement, rassembler les prêtres autour de son étendard pour chanter avec eux les louanges de la sainte Vierge, se retirer dans les églises à l'heure du crépuscule afin de couronner ses rudes journées par un exercice de piété, assister le plus souvent possible au sacrifice de la messe, et s'asseoir à la table sainte avec les petits enfants, voilà sa joie et sa consolation. Telle on l'avait vue au village, édifiant ses compagnes par la ferveur de sa dévotion, telle elle est demeurée dans le tumulte des camps, telle elle se montrera pendant sa dure captivité. Ce qu'elle ne cessera de demander à ses juges, c'est de pouvoir au moins entendre la messe et recevoir son Seigneur dans la sainte communion ; et quand ces hommes, égarés par la peur et par l'esprit de parti, lui accorderont cette dernière faveur, des larmes de joie inonderont son visage. Désormais elle mourra contente et résignée, le nom de Jésus sur les lèvres, l'image de Jésus sur la poitrine et devant les yeux, prouvant ainsi jusqu'à cet instant suprême à quel point l'amour divin remplissait son âme.

Elle ne faisait donc que résumer sa vie entière dans ce cri du cœur : « J'aimerais mieux mourir que de rien faire que je susse être péché ou contre la volonté de Dieu. Dieu me garde de faire ou d'avoir jamais fait œuvre qui charge mon âme. Je m'attends de tout à Dieu mon créateur ; je l'aime de tout mon cœur. » Admirables paroles qui mettent à nu cette belle âme, où l'amour de Dieu portait jusqu'à l'héroïsme toutes les autres vertus ! Car, Messieurs, ce qui fait la perfection d'une vertu, c'est en grande partie la difficulté qu'on éprouve à la pratiquer, en raison des circonstances où l'on se trouve (1). En partant de ce principe, est-il possible de voir une vertu commune et ordinaire dans l'humilité de Jeanne d'Arc? Après la délivrance d'Orléans, après le sacre du roi à Reims, après ce triomphe éclatant d'une cause désespérée, il n'est pas d'hommage qu'on ne fût disposé à rendre à celle qui venait d'accomplir de si hauts faits. Ces armées ennemies qui se dissipaient devant elle comme une fumée, ces villes qui ouvraient leurs portes sans coup férir, cette marche triomphale à travers des populations hostiles, tout cela excitait dans les masses un enthousiasme indescriptible. On se précipitait sous les pas de son cheval ; on baisait ses mains et ses pieds ; c'était à qui lui témoignerait le plus de respect ; peu s'en fallait que l'admiration ne tournât en idolâtrie. Il y avait dans ces acclamations de quoi enivrer l'âme la moins éprise d'elle-même ; et il ne semblait pas qu'une pauvre villageoise, partie de si bas pour s'élever si haut, pût résister à ce concert de louanges qui retentissaient autour d'elle. Eh bien, non : Jeanne n'en conçoit pas le moindre orgueil ; aucune pensée de vaine gloire ne parvient à effleurer son âme restée simple au milieu des grandeurs humaines. Plus on l'exalte, plus elle s'abaisse devant Dieu. C'est au Seigneur qu'elle rapporte tout le succès de son œuvre ; pour elle, son rôle se réduit à celui d'un faible instrument. Si elle a eu des inspirations supérieures aux pensées humaines, c'est que « Messire a un livre où nul clerc n'a jamais lu, si parfait qu'il soit en cléricature. » Aussi ne se croit-elle en droit d'aspirer à aucune récompense : « tout ce qu'elle demande au

---

(1) « Heroicitatem nihil aliud esse quam operis excellentiam, quæ ab ipsa operis arduitate ut plurimum causam habet et originem ; quæ enim communia sunt et ordinaria non sunt excellentia, nec excitant admirationem.... Quarto, operis excellentiam et ejus arduitatem judicandam esse habita ratione circumstantiarum. » (Benoît XIV, « op. cit. » L. III, c. 21, n° 11.)

ciel, c'est le salut de son âme; » et la seule requête qu'elle adresse au prince auquel son dévouement vient de rendre une couronne, c'est de vouloir bien exempter de l'impôt son village natal. Oh vraiment, je le dis avec toute l'énergie de toutes mes convictions chrétiennes, si la perfection évangélique n'est point là, qu'on me montre où je pourrai la rencontrer sur la terre.

C'est le propre de l'humilité d'avoir pour compagne l'innocence des mœurs. Ici encore, Messieurs, la vertu de Jeanne d'Arc se présente à nous, non pas à un degré ordinaire, mais avec tout l'éclat de la perfection, telle qu'on la voit rayonner dans les saints. Malgré les dangers d'une vie toute militaire, au milieu des désordres dont elle est témoin et qu'elle s'efforce de réprimer, l'angélique jeune fille conserve son âme aussi chaste et aussi pure que si elle avait vécu au fond d'un cloître. Cette virginité qu'elle voue à Dieu au sortir de l'enfance, est l'arome céleste qui a embaumé toute sa vie, et dont la bonne odeur s'exhalait de sa personne comme de ses actes. Vous le savez, c'est le privilége des saints d'inspirer la vertu à ceux qui les approchent : à leur aspect les passions se taisent et le vice se prend à rougir de lui-même. Telle est l'impression que faisait Jeanne sur ses compagnons d'armes; et, d'après leurs propres aveux, bien loin que sa vue eût jamais éveillé en eux une pensée dont elle aurait pu rougir, ils se sentaient meilleurs en présence de cet ange de pureté descendu au milieu d'eux. Aussi quelles précautions ne prenait-elle pas pour que rien ne pût effleurer l'innocence de son cœur, jusqu'à cet habit d'homme qu'elle persistait à conserver, et à bon droit, comme la sauvegarde extérieure de sa chasteté, aimant mieux s'exposer à une mort certaine que de courir aucun risque pour son âme virginale. Étrange aberration dans ses juges, et qui montre à quel point les passions politiques avaient troublé leur esprit! En interprétant l'Écriture et les canons de l'Église dans un sens pharisaïque, ils chercheront un grief contre Jeanne d'Arc dans une résolution inébranlable qui ne lui était dictée que par la conscience de sa mission et par son amour héroïque de la chasteté.

Je viens de toucher à cette grande scène qui est la consécration solennelle de la sainteté de Jeanne d'Arc; car c'est dans l'épreuve, sous le coup du malheur, au milieu des souffrances, que les saints déploient ce qu'il y a en eux de force divine et de vertu surnaturelle. Non, il n'est pas de page d'histoire qui me rappelle mieux le drame divin du Calvaire. Sur ce visage transfiguré par le martyre, je trouve un reflet de l'adorable victime morte pour le salut du monde, et sur ces lèvres qui s'écartent pour murmurer le pardon, un écho de la grande voix qui retentit depuis dix-huit siècles au fond des cœurs. Quelle constance et quelle sérénité d'âme pendant cette torture de trois mois où la pauvre enfant, seule et sans appui, se voit aux prises avec la mauvaise foi et la calomnie! Quelle fermeté dans ses réponses, marquées au coin d'une sagesse supérieure à toutes les arguties de ses juges! Quelle douceur dans le reproche qu'elle adresse à ces hommes dont la haine foulait aux pieds les lois de l'équité : « Vous dites que vous êtes mon juge; je ne sais si vous l'êtes, mais avisez bien que vous ne jugiez mal, car vous vous mettriez en grand danger; et je vous en avertis afin que, si Notre-Seigneur vous en châtie, j'aie fait mon devoir de vous le dire!... » Quel accent de compatissante bonté pour la ville témoin d'une si grande iniquité : « Ah! Rouen, Rouen, j'ai grand peur que tu n'aies à souffrir de ma mort! » Quel oubli de soi-même et quelle générosité dans cette noble victime qui consent bien à accepter pour elle toutes les injures, pourvu que l'on ne touche pas à l'honneur de son roi, de ce prince dont l'ingratitude révoltante n'aurait mérité de sa part que le plus profond mépris! Et enfin quelle sublime effusion de charité chrétienne dans ce cri suprême du pardon qui part du fond de son cœur en face du supplice! Ai-je été trop loin en voulant retrouver dans de pareils accents un écho lointain de cette parole du divin Maître : « Père, pardonnez-leur, car ils ne savent ce qu'ils font ! »

Pour répandre quelque nuage sur une sainteté si éclatante, on m'opposera peut-être cette tentative d'évasion du château de Beaurevoir, inspirée par l'ardent désir de secourir « ces bonnes gens de Compiègne, » que Jeanne ne pouvait se résoudre à livrer à la merci de l'ennemi. Imprudence certes bien excusable, et que la pieuse enfant n'a cessé de se reprocher jusqu'à la fin de ses jours, attestant par ce repentir même sa grande délicatesse de conscience ; car, en voulant se soustraire par la fuite à une mort certaine, elle ne faisait qu'user d'un droit légitime. On pourrait m'opposer de plus ce moment d'hésitation, où, voyant sa conviction combattue par des docteurs dont la science surpassait la sienne, elle trouva dans son humilité même un motif pour douter de sa mission ; moment bien court, si tant est qu'un pareil doute ait réellement traversé son âme, malgré les piéges qu'une ruse infernale tendait à cette nature simple et confiante. Mais, Messieurs, sans compter que la vie des plus grands saints n'est pas toujours exempte de fautes, et que la pénitence ajoute un nouveau relief à leurs vertus (1), je dis que ces luttes de la nature avec la grâce ne font que mieux ressortir la sainteté de Jeanne d'Arc. Ah ! si je ne surprenais dans l'héroïne cette sensibilité de la femme qui s'effraie à la pensée du supplice ; qui, délaissée de tout le monde, se trouble et se déconcerte

---

(1) Benoît XIV, « op. cit., » l. III, c. 39. n° 7. Après avoir montré que les péchés commis par les saints ne sont pas un obstacle à leur canonisation, si, par de dignes fruits de pénitence, ces âmes héroïques sont rentrées dans leur précédent état, ou qu'elles aient profité de leurs fautes pour s'élever à une sainteté plus haute encore, le savant pontife cite à l'appui ces paroles de saint Ambroise : « Sancti autem Domini, qui consummare pium certamen gestiunt et currere cursum salutis, sicubi forte ut homines corruerint naturæ magis fragilitate, quam peccandi libidine, acriores ad currendum resurgunt, pudoris stimulo majora reparantes certamina, ut non solum nullum attulisse æstimetur lapsus impedimentum, sed etiam velocitatis incentiva cumulasse. »

un instant pour sortir ensuite de ce combat intime plus forte, plus résolue qu'auparavant, je serais peut-être tenté de voir une sorte d'impassibilité stoïque à la place d'une vertu chrétienne. Mais parce que je sens les angoisses de la mort dans le cœur de la jeune fille, parce que je l'entends s'écrier elle aussi : « *Transeat a me calix iste!* Hélas! faut-il que mon corps, net en entier, qui ne fut jamais corrompu, soit aujourd'hui consumé et rendu en cendres; » parce que je saisis à travers ces mouvements de la nature le travail de la grâce soutenant sa faiblesse, dissipant ses incertitudes, l'élevant au-dessus d'elle-même par une force surnaturelle et divine, c'est précisément pour cette raison que le sacrifice de Jeanne resplendit à mes yeux de tout l'éclat de la sainteté, et que je salue dans cette âme victorieuse d'elle-même, de ses craintes et de ses regrets, une héroïne chrétienne, une héroïne selon la foi.

Et maintenant, Messieurs, s'il est vrai qu'en décernant à l'élite de ses fils la plus haute des couronnes terrestres, l'Église ait pour but de nous offrir des exemples à suivre et des modèles à imiter, ne trouvez-vous pas qu'un pareil enseignement ressortirait avec fruit de la vie de Jeanne d'Arc? Quel est le père, quelle est la mère qui ne voudrait retrouver dans sa fille cette candeur, cette pureté d'âme, cette humilité profonde, cette douce et suave piété? Quel est l'homme qui, placé en face d'un grand devoir, ne puiserait dans la pensée d'une telle abnégation plus de force pour l'accomplir? Oh! quant à moi, je ne puis pas m'en dédire, il y a peu de vies humaines qui m'édifient plus profondément. Quand je veux me fortifier dans l'amour que je porte à mon pays, je me rappelle cette jeune fille qui, en un jour de péril extrême, fit des efforts surhumains pour le sauver. Quand je cherche à tenir mon cœur assez haut pour que la matière n'arrive pas jusqu'à lui, je respire avec délices le parfum d'innocence qui s'échappe de cette âme virginale; et si jamais le malheur ou l'injustice des hommes s'attachait à mes pas, je relirais, après l'Evangile, la grande page du martyre de Jeanne d'Arc. Il y a là ces accents de foi qui remuent si puissamment les âmes, comme autant d'échos du ciel; il y a là cette force d'attraction pour le bien, cette contagion de la sainteté, qui est le privilége des serviteurs de Dieu; et je défie quiconque a le sens des choses divines de relire cette épopée merveilleuse, dont les chants s'appellent Domremy, Orléans, Reims, Compiègne, Rouen, sans se dire en fermant le livre : c'est ainsi que parlent et agissent les saints.

II

Jeanne d'Arc a pratiqué les vertus chrétiennes à un degré héroïque. En prenant sa source dans la foi, dans la soumission à la volonté de Dieu, la vertu de dévouement s'est élevée en elle à une hauteur qui dépasse la mesure commune et ordinaire; et les autres vertus sont venues se grouper autour de cette vertu centrale pour constituer la perfection dans le vrai sens du mot. Mais, pour que l'Église se décide à placer la couronne de la sainteté sur la tête de ses enfants, il ne lui suffit pas de voir rayonner en eux les vertus évangéliques, même avec un éclat extraordinaire. Elle attend que Dieu se prononce en leur faveur par un jugement authentique, en confirmant leur sainteté par des signes non équivoques de sa puissance, et en les désignant par là même aux hommages de la terre. La question qu'il me reste à poser est donc celle-ci : Dieu a-t-il imprimé son sceau à l'héroïsme de Jeanne d'Arc par des dons supérieurs aux lumières et aux forces humaines, c'est-à-dire par des miracles ?

Les miracles de Jeanne d'Arc ! Mais, Messieurs, sa vie publique est un miracle permanent; le surnaturel en forme la chaîne et la trame, si je puis m'exprimer de la sorte. Et ici, vous me permettrez d'être court : ayant déjà eu occasion d'examiner devant vous à pareil jour, les diverses solutions que le déisme et le panthéisme ont hasardées sur ce point, je ne m'y arrêterai que pour préciser davantage la question (1). Qui est-ce qui nie le miracle dans la vie de Jeanne d'Arc? Ceux qui le nient partout, dans l'Évangile comme dans la vie des saints; ceux qui le déclarent impossible, *à priori*, au nom d'un système préconçu, en dehors de toute recherche et de toute discussion des faits. Voilà l'unique motif de leur négation. S'ils reconnaissaient le miracle quelque part, ils ne manqueraient pas de l'admettre pour des faits qui présentent au plus haut point le caractère de la certitude historique. Mais, sous l'empire des préjugés qui les portent à vouloir bannir le surnaturel de l'histoire, ils en sont réduits à imaginer au sujet de l'héroïne d'Orléans toute une série d'hypothèses dont je ne dirai qu'une chose en ce moment, c'est qu'elles offrent une ressemblance parfaite avec les tentatives malheureuses faites dans ces derniers temps pour expliquer la résurrection de Lazare et la conversion de saint Paul.

Cette situation en face de Jeanne d'Arc, je la conçois très-bien pour les adversaires du surnaturel. Les mots imposture et hallucination, qu'ils murmurent à voix basse sur des points infiniment plus graves, ils sont obligés de les répéter malgré eux devant ces phénomènes dont la vraie cause leur échappe. Car Jeanne a constamment affirmé ses révélations : elle les a affirmées, après une expérience de trois ans, à travers toutes les contradictions, à Vaucouleurs comme à Chinon, devant ses juges de Rouen non moins que devant ses juges de Poitiers, en public et dans l'intimité, à l'armée et à la cour, durant son long procès et jusqu'au milieu des flammes du bûcher. On ne peut pas la séparer de cette affirmation : elle y est tout entière, avec sa mission et ses actes. Donc, de deux choses l'une, ou elle n'y croyait pas,

(1) Panégyrique de Jeanne d'Arc, prononcé dans la cathédrale d'Orléans, le 8 mai 1860. — Paris, A. Bray; 2ᵉ édition.

et alors l'imposture est manifeste; ou elle y croyait à tort, et, dans ce cas, l'hallucination est complète. Il n'y aurait qu'une hypothèse pour échapper à ce dilemme, celle du surnaturel diabolique; mais nous venons de la détruire en établissant la sainteté de Jeanne d'Arc. Reste donc l'imposture ou la folie. Or, la sincérité de Jeanne d'Arc, sa droiture, la simplicité de son cœur, que nul, d'ailleurs, ne conteste plus aujourd'hui, et qui sont incontestables, la défendent contre tout soupçon de supercherie ou de fraude criminelle; et son admirable bon sens, la rare fermeté de son esprit suffisent pour écarter d'elle toute suspicion de folie. Quoi! vous cherchez l'hallucination, la marque la plus certaine de la dépression intellectuelle, dans cette haute et forte nature sur laquelle l'illusion n'a aucune prise; qui se montre supérieure à toute vaine superstition; qui déploie dans la vie pratique une sûreté de coup-d'œil et une solidité de jugement à toute épreuve; qui déconcerte les docteurs les plus habiles de l'époque par ses réponses si judicieuses et si sensées; qui lutte pendant trois mois, avec sa sublime ignorance, contre une assemblée de théologiens ligués pour la confondre, et obligés de ramasser toute leur science pour surprendre dans ses paroles la moindre apparence d'erreur? Non, jamais l'adage des anciens : *Mens sana in corpore sano*, n'a trouvé une meilleure application; jamais femme n'a été plus éloignée des rêveries fantastiques d'une âme maladive que cette robuste villageoise, pleine de vivacité et d'entrain, aussi calme devant les feux croisés du syllogisme que sous le canon de l'ennemi.

Or, Messieurs, du moment que la sincérité et le bon sens de Jeanne d'Arc sont à l'abri de toute contestation sérieuse, il ne saurait y avoir de doute sur la vérité de ses révélations pour la philosophie spiritualiste et la théologie, les deux seules autorités doctrinales avec lesquelles il faille compter ici-bas; car vouloir discuter des faits miraculeux avec les matérialistes, ce serait perdre son temps et sa peine. Et cependant, quelque créance que mérite par elle-même une affirmation si constante et si soutenue, la critique ne se trouverait pas complétement désarmée si les actes ne venaient y ajouter une preuve péremptoire de l'inspiration divine. C'est par là que le surnaturel éclate avec la dernière évidence dans la vie de Jeanne d'Arc. Non, il n'est pas naturel, pour un vrai philosophe ou pour un théologien, qu'une jeune fille, ne sachant ni *A* ni *B*, s'annonce au fond de son village comme devant délivrer une ville dont elle connaissait à peine l'existence; qu'elle promette de conduire à Reims, pour l'y faire sacrer, un prince dont la situation paraissait désespérée, et que l'événement ait vérifié de tout point sa prédiction. Il y a là une prophétie de premier ordre, qui ne s'explique que par une illumination supérieure à toute prévision humaine. Car, ni le manque complet d'instruction dans Jeanne d'Arc, ni la défiance et l'incrédulité qui accueillaient sa parole, ni les résistances qu'elle allait rencontrer dans les conseils de Charles VII, rien ne lui permettait de prévoir ou d'espérer un résultat que mille incidents, mille causes diverses auraient pu empêcher. N'eût-elle fait que cette prédiction solennelle, tant de fois répétée et avec une assurance si absolue; n'eût-elle prédit ni la blessure qu'elle devait recevoir sous les murs d'Orléans, ni sa captivité, ni l'expulsion des Anglais avant sept ans, que les lois du raisonnement nous obligeraient de conclure à une effusion de l'esprit prophétique sur Jeanne d'Arc. Ce n'est sans doute pas un acte surnaturel en soi, que de faire lever un siége et de gagner des batailles; mais ce qui dépasse les lumières et les forces humaines, c'est qu'une bergère de dix-sept ans ait prédit ces choses en détail et les ait accomplies dans des circonstances où les hommes s'accordaient à contrarier ses desseins plutôt qu'ils ne les servaient. Voilà le miracle contre lequel vient échouer toute tentative d'expliquer humainement ce qui est le fruit de l'inspiration divine.

Donc, je le répète, pour qui admet le surnaturel dans l'histoire, l'affirmation de Jeanne, confirmée par les événements, constitue en faveur de ses révélations la plus haute garantie que l'on puisse désirer. Aussi, Messieurs, les difficultés, s'il y en avait, ne surgiraient-elles pas des faits que je viens de rappeler, et dont le caractère miraculeux ne saurait être révoqué en doute. Elles naîtraient plutôt de deux considérations, l'une tirée des droits de l'Église, l'autre de l'honneur d'un grand peuple, et que vous me permettrez de discuter en peu de mots avant de conclure.

Si les révélations de Jeanne d'Arc, nous dit-on, avaient eu une origine divine, l'esprit de Dieu l'aurait portée à s'incliner devant les décisions du tribunal de Rouen, tandis qu'elle s'est refusée à soumettre ses faits et gestes au jugement de l'Église militante. Il y a, Messieurs, dans cette objection une erreur de droit et une erreur de fait. Comme l'enseigne Benoît XIV, ceux qui ont la certitude d'être favorisés par Dieu d'une révélation particulière, sont obligés d'y donner leur ferme assentiment, tant que le contraire ne leur est pas démontré par une autorité irréfragable (1). Assurément, les révélations particulières n'échappent pas à l'autorité de l'Église. C'est à cette dépositaire infaillible de la foi qu'il appartient de juger si elles ne renferment rien de contraire à l'Écriture sainte, à la tradition apostolique, au consentement unanime des Pères et des théologiens. Dans ces limites, qu'elle ne franchit jamais à l'égard d'une révélation étrangère au dépôt de la foi, il n'est pas de dons, pas de faveurs surnaturelles que l'on puisse soustraire légitimement au contrôle de l'Église. Mais est-ce que l'Église se résumait dans cette poignée de théologiens, instruments dociles d'un parti politique, dont ils servaient les haines et subissaient la pression?

(1) Benoît XIV, op. cit., l. III, c. 53, n° 12. « Quæres autem primo an illi, quibus fiunt revelationes privatæ, si certo eis constiterit a Deo esse, teneantur illis firmiter assensum præbere, et affirmando respondetur.

Tant que la question se posait entre une victime condamnée à l'avance et un ennemi capital dont les ressentiments excluaient toute garantie d'impartialité, Jeanne, forte de la conviction qu'elle puisait dans les signes manifestes de sa mission divine, Jeanne, couverte par la décision des juges ecclésiastiques de Poitiers, qui l'avaient examinée pendant trois semaines, Jeanne était autorisée à décliner la compétence d'hommes prévenus qui avaient juré sa perte. Ce n'est pas l'Église qui se trouvait devant elle ; mais une assemblée de factieux en révolte contre leur souverain légitime, qu'ils voulaient frapper dans la personne de celle qui lui avait prêté un secours si efficace, et frapper d'autant plus sûrement qu'ils donneraient à un procès politique la couleur d'un procès religieux. Refuser la soumission à un pareil tribunal, où elle ne rencontrait que des accusateurs et pas un juge sérieux, c'était à la fois son droit et son devoir.

Ah ! sans doute, si à la place de ces âmes vénales, en qui la peur de l'étranger étouffait toute saine notion de théologie, Jeanne d'Arc avait trouvé devant elle des hommes qui, non contents de couvrir leurs actes d'un faux semblant de légalité, se fussent préoccupés avant tout des devoirs qu'imposent aux juges les lois éternelles de la morale, son langage aurait changé avec sa situation. Et la preuve, ce sont les réponses qu'elle fait dès l'instant qu'on lui parle de la véritable Église, non pas de l'Église personnifiée par ces étranges théologiens dans un parti politique, mais de l'Église universelle, dont la haute impartialité s'élève au-dessus des passions terrestres. « Vous me parlez d'Église militante et d'Église triomphante, disait-elle avec cette simplicité d'une âme innocente aux prises avec la mauvaise foi ; je n'entends rien à ces termes, mais je me veux soumettre à l'Église, comme le doit une bonne chrétienne. S'il y avait rien dans mes réponses contre la foi chrétienne, je ne le voudrais soutenir, et je serais bien courroucée d'aller à l'encontre. Si j'avais rien fait ou dit qui fût, au jugement des clercs, contre la foi chrétienne, je ne le voudrais soutenir, mais le bouterais hors. » Non, jamais l'obéissance dans les matières spirituelles n'a trouvé sur des lèvres chrétiennes d'accents plus vrais ni plus sincères. Aussi, dès qu'on prononce devant la noble accusée le nom du chef de l'Église, elle s'écrie à l'instant même : « Menez-moi devant le Pape, et je répondrai tout ce que je devrai répondre. Je m'en rapporte à Dieu et à notre saint père le Pape. » Lui apprend-on que l'Église universelle est réunie à Bâle? « Oh! dit-elle aussitôt, puisqu'en ce lieu sont aucuns de notre parti, je veux bien me rendre et soumettre au concile de Bâle. » En vérité, si l'autorité de l'Église a été méconnue dans le procès de Jeanne d'Arc, c'est uniquement par ses juges, qui ont poussé l'oubli des principes jusqu'à traiter d'hérésie une opinion étrangère à la foi, et le mépris des droits du souverain Pontife jusqu'à refuser de lui renvoyer une cause qui était spécialement de son ressort. Ils savaient bien, ces hommes plus pressés de condamner que de juger, que, devant ce tribunal suprême, leur conduite serait appréciée comme elle l'a été par le pape Pie II, aux yeux de qui les révélations de Jeanne n'avaient rien de contraire à la foi ni aux mœurs, comme elle l'a été par le pape Calixte III, à qui revient l'honneur d'avoir fait casser cette procédure déloyale, aussi vide de raison que grosse de mensonge et de haine.

La soumission de Jeanne à l'autorité de l'Église a donc été aussi intelligente que pleine et entière. En récusant son ennemi capital, en n'acceptant pas pour juges de sa mission ceux qui avaient le parti pris de la combattre, elle usait d'un droit incontestable; et, en reconnaissant à l'Église, personnifiée dans le souverain Pontife, le pouvoir de décider si ses révélations avaient rien de contraire à la foi ou aux mœurs, elle remplissait le devoir que la religion impose au chrétien dans ces cas extraordinaires. Et quand je songe à la fermeté et à la clairvoyance avec lesquelles cette petite fille des champs, privée de toute lumière et de tout appui humains, savait distinguer entre ce qui est de foi et ce qui ne l'est pas, allant jusqu'où pouvait s'étendre sa libre appréciation, et s'arrêtant à la limite d'une résistance raisonnable, pour concilier ce qu'elle devait à l'Église avec ses justes défiances à l'égard d'un tribunal aveuglé par une haine mortelle, j'avoue, Messieurs, que cette preuve-là me suffirait pour conclure à l'inspiration divine dans Jeanne d'Arc.

Mais, me direz-vous, si l'Église couronnait ces vertus héroïques et cette vie merveilleuse par le plus éclatant des suffrages, elle prendrait parti pour un peuple contre un autre dans un débat politique. Non, Messieurs, pas plus qu'elle ne s'est engagée sur le terrain politique en canonisant dans saint Louis le vainqueur de Taillebourg et de Saintes, ou dans saint Édouard le défenseur de la nationalité anglo-saxonne contre les Danois. Quand l'Église rencontre une pareille question dans l'examen de la vie de ses enfants, elle la prend à une hauteur où les intérêts et les passions terrestres disparaissent devant la notion du droit et de la justice. Or, prise à ce sommet, je ne veux pas le dissimuler, la mission de Jeanne d'Arc se meut, non pas autour d'une question purement politique, mais d'un principe de morale sociale. Ce principe, le voici :

Lorsqu'un peuple a vécu pendant des siècles sur un sol fécondé par le travail de ses mains, qu'il est là tel que ses ancêtres l'ont fait, avec son territoire, sa langue, ses traditions, sa dynastie et ses lois, il n'est pas plus permis d'enlever à ce groupe de familles sa vie nationale, que de priver injustement un homme du droit de vivre que Dieu lui a donné. Attenter à l'indépendance d'une nation pour la réduire malgré elle sous le joug d'une domination étrangère, effacer son histoire d'un trait de plume ou la déchirer à coups d'épée, c'est un homicide dans l'ordre social; car les lois de la morale sociale ne sont pas moins sacrées que celles de la morale individuelle. Et si j'avais besoin d'abriter ma parole derrière une autorité irréfragable, j'ouvrirais l'Écriture sainte pour y montrer la main de Dieu marquant de son sceau les droits de la nation juive; je rappellerais les luttes héroïques de ce petit peuple disputant à toute l'Asie, pendant quinze siècles, le coin de terre que la Providence avait départi à ses ancêtres, et se levant comme un seul homme à la voix de ses prophètes, depuis Dan jusqu'à Bersabée, chaque fois que l'étranger tentait de lui ravir, avec son autonomie, l'honneur de son nom et l'héritage de ses pères.

Ainsi en était-il de la nationalité française au XVe siècle. Elle avait conquis par mille ans d'existence le droit de se conserver libre et indépendante sous la dynastie de son choix et à l'abri de toute usurpation étrangère. Voilà le principe engagé dans la mission de Jeanne d'Arc, et que nul ne saurait contester sans détruire les lois de la morale; c'est ce qui fait de cette grande page d'histoire un thème digne d'être médité par tous les hommes d'État pour qui la force n'est pas synonyme du droit. Si donc, par une intervention directe et immédiate, Dieu s'est prononcé entre une nation envahie et une nation envahissante, ce n'est certes pas l'Église qui pourrait reculer devant l'affirmation implicite d'un principe de morale naturelle consacré par l'Écriture sainte et par la tradition chrétienne. Mais qu'on ne vienne pas mettre en jeu l'honneur de l'Angleterre: cette grande nation n'est nullement intéressée à défendre la politique fatale où l'avait entraînée, au XVe siècle, l'ambition aveugle de ses chefs; elle renierait son propre passé en méconnaissant un droit que ses Edgard, ses Alfred, ses Édouard ont soutenu pendant cinq siècles contre l'invasion étrangère; et, dût ma proposition vous sembler un paradoxe, je ne crains pas de dire que la mission de Jeanne d'Arc a été aussi utile à l'Angleterre qu'à la France.

Oui, Messieurs, en suscitant cet ange révélateur, Dieu

a marqué aux deux peuples leur véritable voie et leur mission historique. L'avenir de l'Angleterre, ses meilleurs historiens, Macauley en tête, l'ont reconnu, l'avenir de l'Angleterre n'était pas sur le continent, où elle s'épuisait dans des luttes stériles qui auraient fini par la détourner de sa vocation providentielle ; en la ramenant dans les limites de son activité normale, l'héroïne d'Orléans lui a rendu le plus signalé des services. C'est à partir de ce moment-là que l'Angleterre, revenue à elle-même, aux inspirations de son génie propre, a compris, avec les avantages de sa situation exceptionnelle, ses vrais intérêts et le rôle légitime qu'elle était appelée à jouer sur la scène du monde. Après avoir renoncé à l'idée d'une conquête qui lui eût échappé tôt ou tard, elle a pu préparer de longue main et concentrer les ressources qui lui ont valu l'empire des mers, et qu'elle eût follement dissipées dans des aventures désormais sans grandeur ni but sérieux. Et quand l'histoire apprécie le dénoûment de ce drame sans parti pris et aux lumières de l'expérience, elle est embarrassée pour dire lequel des deux peuples est le plus redevable à Jeanne d'Arc, de celui qui lui a dû sa délivrance, ou de celui auquel une défaite salutaire a fait retrouver le chemin de ses destinées futures.

Et maintenant qu'au plus fort d'une lutte ardente, passionnée, l'irritation de la défaite n'ait pas permis aux chefs de la nation anglaise de juger la question avec le calme et l'impartialité que nous y apportons à quatre siècles de distance, en vérité, cela n'est pas étonnant. Que les Bedford, les Warwick, les Winchester aient cru servir leurs intérêts en frappant dans l'envoyée de Dieu celle qu'ils regardaient comme la cause de leurs désastres, cet acharnement ne prouve qu'une chose, outre les mœurs barbares du temps, la froide cruauté où peut conduire la passion conseillée par la peur. Mais, je le répète, qu'est-ce que l'honneur de l'Angleterre a de commun avec un acte de vengeance aussi odieux qu'inutile? Il est digne d'un grand peuple de répudier les fautes commises en son nom, et de n'accepter comme son vrai patrimoine, dans l'héritage de son passé, que les œuvres empreintes du caractère de la justice et propres à enrichir le trésor de ses gloires.

Mais si l'hommage suprême que nous souhaitons pour la mémoire de Jeanne d'Arc n'a rien qui puisse exciter les justes susceptibilités de l'Angleterre, j'avoue, Messieurs, que ce serait un nouveau rayon de gloire attaché au front de la France. La fille aînée de l'Église se présenterait ainsi devant Dieu et devant l'histoire entre deux figures virginales qui joindraient au-dessus de sa tête leurs mains protectrices : Geneviève et Jeanne d'Arc. Il avait plu au Christ, qui aime les Francs, de susciter au berceau de la monarchie une humble bergère, qui apparaît entre Clovis et sainte Clotilde comme l'ange tutélaire de la patrie naissante. L'invasion étrangère recule devant elle, et la prière de cette jeune fille, plus forte que les armées, arrête Attila aux portes de Paris. Dix siècles plus tard, pendant la crise la plus formidable qu'ait traversée la monarchie française, dans un moment où la situation paraissait désespérée, Dieu fait signe à une autre bergère, non plus sur les bords de la Seine, mais sur les rives de la Meuse, et cette fois encore l'invasion étrangère est arrêtée dans sa marche victorieuse sous les murs d'Orléans. Spectacle unique dans les annales d'un pays ! Sorties toutes deux des derniers rangs du peuple, des entrailles mêmes de la nation, appelées l'une et l'autre à remplir une mission de délivrance, sœurs par l'innocence et par la vertu, la vierge de Nanterre et la vierge de Domremy reçoivent de tout Français un même culte d'admiration et de reconnaissance. Ah! puissions-nous les associer un jour dans un même culte de respect religieux et d'invocation.

Je savais, Messieurs, qu'en émettant ce vœu je ne ferais que répondre à vos propres sentiments, car le nom de Jeanne d'Arc se rattache dans l'histoire à celui d'Orléans, et sa gloire est la vôtre. Voilà pourquoi, au risque de tromper votre légitime attente, je n'ai touché aux grandes choses accomplies au milieu de vous que dans leur rapport avec la question dont je voulais faire la matière de cet éloge. Oui, je ne crains pas de le redire en terminant, le jour où l'Église jugera à propos d'examiner cette cause avec la sagacité qui lui est propre, elle n'y trouvera rien qui l'empêche de couronner par la plus haute des récompenses terrestres un ensemble de vertus si héroïques et une carrière si merveilleuse. En exprimant à cet égard ma conviction intime, j'ai épuisé mon droit. Soldat obscur dans la milice du Christ, je n'ai pas qualité pour trancher la question, ni même pour la porter devant les pouvoirs de l'Église. C'est aux Évêques d'apprécier si elle est mûre; c'est au Vicaire de Jésus-Christ de reconnaître si l'heure de Dieu a sonné. Mais si j'avais été assez heureux pour ramener sur ce point l'attention de ceux qui regardent la vertu comme la plus grande chose de ce monde; si mon discours pouvait servir de pierre d'attente à un édifice dont vos enfants du moins verraient le couronnement; si cette parole, jetée aux quatre vents du ciel, trouvait de l'écho dans les cœurs; si je n'avais pas trop présumé de mes forces en confiant au souffle de la Providence ce cri parti du plus profond de mon âme; s'il plaisait à Dieu de dilater ce germe, de bénir cette faible semence, de la féconder par sa grâce et de la faire fructifier dans l'avenir : oh! alors, habitants d'Orléans, laissez-moi vous le dire avec toute l'effusion de mon cœur, je tressaillerais d'allégresse au rayon de l'espérance, je saluerais dans le transport de ma joie la glorification future de notre chère et sainte héroïne, et j'estimerais ce jour l'un des plus beaux de ma vie.

PARIS. — IMPRIMERIE DIVRY, ET C⁰

RUE N.-D. DES CHAMPS, 46.

LIBRAIRIE A. BRAY, RUE CASSETTE, 20, A PARIS.

MASSILLON, Étude historique et littéraire, par M. l'abbé A. BAYLE, Docteur en théologie, aumônier du lycée de Marseille, auteur des *Vies de S. Philippe de Néri, de S. Vincent Ferrier*, etc. 1 volume in-8°. . . . . 6 fr.

L'auteur de cette étude a cru être agréable et utile à un grand nombre de lecteurs en leur offrant la vie religieuse, la vie oratoire, la vie épiscopale de Massillon. Ces pages, pleines de recherches et de goût ajouteront encore à la gloire de l'orateur et du moraliste, mais surtout elles feront aimer davantage l'homme et l'évêque.

N. B. Le 1er volume sera envoyé immédiatement aux personnes qui souscriront maintenant à l'ouvrage complet. On pourra n'effectuer le paiement qu'à la livraison du 2e volume, qui paraîtra vers la fin de mai 1867.

ROME CHRÉTIENNE ou tableau historique des Souvenirs et des Monuments de Rome, par M. E. de la GOURNERIE, 4e édition, revue et augmentée. 3 vol. in-18 anglais. . . . . 9 fr.
— *Le même ouvrage.* 3 vol. in-8°. . . . . 15 fr.

Mgr l'évêque de Nantes, dans son approbation de *Rome chrétienne*, s'exprime ainsi : « Nous y avons trouvé, avec une doctrine toujours saine, une érudition sagement contenue, une appréciation exacte des faits, des personnes et des choses, un style pur et simple, qui rappelle les beaux temps de notre littérature française... »

CHAMPAGNY (M. de). LES CÉSARS, 3 vol. in-8°, 18 fr., ou 3 in-12, 10 fr. 50.
LES ANTONINS, 3 vol. in-8°, 18 fr., ou 3 in-12, 10 fr. 50.
ROME ET LA JUDÉE, 2 vol. in-8°, 10 fr., ou 2 in-12, 6 fr.

Tous les critiques sont unanimes pour louer le grand travail de M. de Champagny sur l'Empire romain, l'un des plus remarquables ouvrages de ce siècle, et reconnaître dans l'auteur les qualités supérieures de l'écrivain et du penseur, qualités qui l'ont fait appeler par M. Sainte-Beuve un *peintre studieux*, un *Tacite français*.

FREPPEL (l'abbé), professeur à la Sorbonne. ÉTUDES SUR LES PÈRES DES TROIS PREMIERS SIÈCLES : Les Pères apostoliques et leur époque, 1 vol. in-8°, 6 fr. — Les Apologistes chrétiens au IIe siècle, 2 vol. in-8°, 12 fr. — Saint Irénée, 1 vol. in 8°, 6 fr. —Tertullien, 2 vol. in-8°, 12 fr. — Saint Cyprien, 1 vol. in-8, 6 fr. — Clément d'Alexandrie, 1 vol. in-8°, 6 fr.

Sous presse, pour paraître en novembre 1867 : ORIGÈNE. 2 vol. in-8.

Il n'y a qu'une voix pour louer ces admirables études sur les Pères des premiers siècles, dans lesquelles l'auteur déploie autant de science que de talent.

LES MISSIONS CHRÉTIENNES, par M. T.-W. MARSHALL; ouvrage traduit de l'anglais sur la 2e édition, annoté et augmenté par M. DE WAZIERS. 2 forts vol. grand in-8 sur papier glacé. . . . . 15 fr.

Cet ouvrage, qui a produit une immense sensation en Angleterre et en Amérique, offre un contraste frappant entre les missions catholiques et les missions protestantes. L'auteur s'est surtout appuyé sur les témoignages des écrivains protestants.

HISTOIRE DE SAINT FRANÇOIS DE SALES, d'après les documents originaux provenant tant des monastères de la Visitation que des archives publiques ou privées, contenant une biographie de sainte Chantal, par M. Fr. PERENNÈS. 2 forts vol. in-8 avec portrait et carte . . . . 12 fr.
— *Le même ouvrage.* 2 forts vol. in-12. . . . . 7 fr.

OUVRAGES DU MÊME AUTEUR.

EXAMEN CRITIQUE DE LA VIE DE JÉSUS DE M. RENAN
15ᵉ édition. — Prix : 2 fr.

EXAMEN CRITIQUE DES APOTRES DE M. RENAN.
Prix : 2 fr.

CONFÉRENCES SUR LA DIVINITÉ DE JÉSUS-CHRIST
3ᵉ édition. — 1 vol. in-12. — Prix : 3 fr.

LA VIE CHRÉTIENNE
Conférences prêchées devant l'Empereur.
1 vol. in-8. — Prix : 4 fr.

LES PÈRES APOSTOLIQUES ET LEUR ÉPOQUE
2ᵉ édition. — 1 fort vol. in.8 sur papier glacé. — Prix : 6 fr.

LES APOLOGISTES CHRÉTIENS AU IIᵉ SIÈCLE
Saint Justin, Tatien, Hermias, Athénagore, Théophile d'Antioche.
2 beaux vol. in-8. — Prix : 12 fr.

SAINT IRÉNÉE
ET L'ÉLOQUENCE CHRÉTIENNE DANS LA GAULE PENDANT LES DEUX PREMIERS SIÈCLES.
1 fort vol. in-8. — Prix : 6 fr.

TERTULLIEN
2 volume in-8. — Prix : 12 francs.

CLÉMENT D'ALEXANDRIE
1 vol. in-8. — Prix : 6 fr.

SAINT CYPRIEN ET L'ÉGLISE D'AFRIQUE AU IIIᵉ SIÈCLE
1 vol. in-8. — Prix : 6 fr.

1ᵉʳ PANÉGYRIQUE DE JEANNE D'ARC
2ᵉ édition. — In-8. — Prix : 80 c.

DISCOURS SUR L'HISTOIRE DE LA SORBONNE
In-8. — Prix : 1 fr.

ORAISON FUNÈBRE DE Mᴳᴿ LE CARDINAL MORLOT
In-8. — Prix : 1 fr. 50.

Paris. — Imp. Divry et Cᵉ, rue N.-D. des Champs, 49.

www.ingramcontent.com/pod-product-compliance
Lightning Source LLC
Chambersburg PA
CBHW060723050426
42451CB00010B/1601